Lk
8
27
E.

DESCRIPTION
HISTORIQUE
DE
LA VILLE D'ALGER
ET DE SES ENVIRONS;

CONTENANT

Un précis curieux sur les Turcs et sur les Arabes. — Cruautés exercées par ces Barbares envers les Chrétiens. — Conduite et insultes faites par les Algériens au pavillon français. — Motifs qui ont déterminé le Roi de France à déclarer la guerre au Dey d'Alger. — Proclamation du général en chef aux soldats français. — Dénombrement des forces de terre et de mer. — Débarquement des troupes françaises sur les côtes d'Alger. — Détails intéressant de la bataille qui a eu lieu entre les troupes françaises, les Turcs et les Arabes, prise de leur camp, ou l'on a trouvé une quantité considérable de poudre, des magasins de subsistances, des troupeaux de moutons, des chameaux, et des pièces de canon.

CINQUIÈME ÉDITION.

A PARIS,

CHEZ GAUTHIER, EDITEUR, RUE MAZARINE, N° 49.
VÉZARD, LIBRAIRE, PASSAGE CHOISEUL, N° 46.
1830.

DESCRIPTION

HISTORIQUE

DE

LA VILLE D'ALGER

ET DE SES ENVIRONS.

***

Alger, capitale du Royaume de ce nom, est une grande et forte ville d'Afrique, elle fait partie de la Barbarie, qui renferme aussi les royaumes de Tripoli, de Tunis, de Maroc, de Fez, de Tafilet et le grand désert de Sahara.

La ville d'Alger est bâtie en amphithéâtre, et forme un triangle : l'un des angles est baigné par la mer, les deux autres s'allongent, en s'élevant vers la terre, et viennent former la pointe à l'extrémité de laquelle est bâti le palais du Dey, appelé la Casba ; une muraille irrégulière, de 40 pieds de hauteur sur 12 d'épaisseur, bordée par un large fossé, lui sert d'enceinte ; l'approche de la place et l'entrée du port qui a 180 brasses de long et 90 de large, sont défendues par des redoutes et des batteries, principalement celle de Rabal-baker, à l'épreuve de la bombe ou des forts et des bastions très-bien armés.

La ville est dominée par un fort, dit le fort de l'Empereur, bâti par Charles-Quint, qui bat la plaine de *Babazon* et la Casba. Plusieurs de nos cartes géographiques marquent encore le fort de l'Etoile ; mais il n'existe plus. Du jardin du consul des Pays-

Bas, et des environs de celui du consul de Suède, on domine le fort de l'Empereur; l'élévation est telle, que de ces divers points les yeux plongent dans la cour intérieure du fort. Nous croyons cette observation importante, afin de prouver qu'il est facile de réduire ce fort d'où dépend le sort d'Alger. Le château d'*Alcasabar* et le *Casserbach*, dans la ville, sont deux forts considérables, et ont de nombreuses garnisons.

Défendue d'une manière formidable du côté de la mer, Alger ne peut soutenir un siége régulier du côté de la terre; elle n'a pas même une enceinte achevée : les remparts sont coupés de distance en distance par des maisons d'habitation, dont les murs élevés, donnant sur les fossés, ont une apparence de fortifications, mais ne sont pas réellement fortifiés. Il est vrai que, dans le cas d'un assaut, il y a 4 ou 5000 hommes qui servent l'artillerie; mais rien n'égale leur ignorance dans l'art militaire, surtout dans la manœuvre du canon. Les fossés de la ville sont toujours secs et ne peuvent être inondés, à cause de leur pente très-rapide, qui ne permet pas aux eaux d'y séjourner.

La ville a quatre portes, non compris celle qui conduit à la mer. Quatre mille Turcs forment la garnison, et deux mille sont répartis dans les diverses places du royaume. Huit cents bouches à feu sont placées du côté de la mer, cent vingt le sont également du côté de la terre. La ville ne reçoit de l'eau que par un aqueduc découvert, à fleur de terre, à une demi-lieue d'Alger. Rien n'est plus aisé que de couper cet aqueduc, et de forcer la place à une capitulation, par le manque d'eau.

Cette cité, avec ses maisons blanchies, qui ont deux étages, et terminées par des toits en plate-forme, servant de jardins, présente une très-belle vue, quand

on la voit du côté de la mer, et qu'on y arrive par
eau : mais aussitôt entré dans la ville, le charme se
dissipe, car rien n'est digne d'admiration : les rues
sont extrêmement étroites ; il en est même où deux
personnes ont de la peine à marcher l'une à côté de
l'autre. On veut que cette étrange manière de bâtir
ait été choisie dans le dessein de se procurer plus
d'ombre, et de parer en partie aux tremblemens de
terre ; mais des rues creuses et dont les côtés se re-
lèvent, ont de grands inconvéniens pour les hommes
et les animaux. Quand un cavalier passe dans la rue,
on est obligé d'entrer dans une maison, si l'on ne
veut pas être écrasé. C'est là le cas de dire : vive
Paris et Londres, où l'on protège les piétons et où
des trottoirs sont réservés spécialement pour eux.

Alger a neuf grandes mosquées et cinquante petites,
trois écoles publiques et plusieurs bazars ou marchés.
La mosquée, bâtie en 1796, qui fixe davantage l'at-
tention, forme plusieurs étages ; elle a 70 pieds de
hauteur et 45 pieds de large ; elle est soutenue par
des colonnes de marbre blanc, venant de Gênes. La
construction de ces mosquées est la même que celle
de nos églises. Le vendredi est le jour choisi pour
l'instuction du peuple, c'est celui où un *iman*
explique l'alcoran.

Alger, situé à 200 lieues des côtes méridionales
de France, sur l'autre rive de la Méditerranée,
compte 146,000 habitans, et toute la population de
la régence ou royaume s'élève à 3 millions d'hommes
de différentes origines : *Turcs*, *Maures* ou *Arabes*
et *Juifs*. Le climat de ces contrées est très-sain,
moins chaud peut-être que celui de la Provence, si
l'on en juge par la beauté de la végétation, que l'on
remarque à chaque pas.

Le plat pays dont Alger est environné s'étend à
environ quatre lieues ; à cette distance, il commence

à devenir montagneux. Le voisinage de cette cité est couvert de jardins et de vignes, placés sur des côteaux, et offrent un aspect délicieux; mais tout l'effet de cette beauté est détruit quand on songe au peuple à qui il a été donné de posséder une contrée si bien traitée de la nature. Le paysage paraît charmant, quand on ne jette dessus qu'un coup d'œil en passant; mais les regards viennent-ils à s'y fixer, on découvre nombre de lieux arides et stériles; on reconnaît par là le mépris qu'ont ces barbares pour l'agriculture, qu'ils remplacent par la guerre et le pillage.

Il y a un nombre immense de Juifs répandus sur la côte de Barbarie : la ville d'Alger en contient plus de 8000, dont la plus grande partie s'est considérablement éloignée de la foi de leurs ancêtres. Ces malheureux sont traités très-rigoureusement par les Barbaresques, et certes, il n'est aucune espèce de vexations auxquelles ils ne soient exposés : on leur défend d'écrire ou de parler arabe, dans la crainte qu'ils ne deviennent capables de lire le divin *koran;* ils ne peuvent monter à cheval, et sont obligés de se servir de mulets ou d'ânes, le premier de ces animaux étant regardé comme d'une trop belle espèce pour eux; quand ils passent devant une mosquée, il faut qu'ils se déchaussent, et il leur est défendu d'approcher des fontaines, lorsqu'un Maure y boit; il leur est également interdit de s'asseoir devant un Mahométan. Ils doivent être vêtus de noir, parce que cette couleur est souverainement détestée par les Maures. Les femmes juives n'ont la permission de voiler qu'une partie de leur figure.

Ce sont encore les Juifs qui exécutent les criminels, et qui sont chargés d'enterrer leurs corps. Pour la moindre faute ils sont battus à l'excès, et, s'ils osaient lever la main pour se défendre, on la leur couperait à l'instant même, et malheur à celui qui murmurerait d'une aussi odieuse injustice. Les contributions qu'on impose sur eux n'ont aucun terme : une somme de 2000 dollars est exigée d'eux chaque semaine, comme une taxe générale sur toute la tribu, en outre des différens impôts qui sont levés, quand il y a quelques jours de fêtes parmi les Maures. Le courage avec lequel ces malheureux supportent leurs souffrances est vraiment étonnant, et c'est avec cette résignation sans exemple, que beaucoup d'entre eux, sous l'apparence de la misère, amassent des fortunes considérables.

Les juges, en Barbarie, sont, sans aucune exception, de la plus grossière ignorance ; aussi, dit-on que la justice devrait y être représentée sans tête, comme elle l'était en Egypte. En certaines occasions, quand les dépositions contradictoires de nombreux témoins embarrassent les juges, on se sert alors d'un expédient assez bizarre, pour terminer la cause : le plaignant, le prévenu, les témoins et les avocats reçoivent la bastonnade.

Un chrétien, coupable d'usure et d'extorsion, a la tête coupée par un Turc ; si au contraire c'est un Turc, il subit la même peine des mains d'un esclave, et un Juif, dans ce cas comme dans celui de tous les autres crimes capitaux, est abandonné à la populace, pour former une espèce d'*auto-da-fé*, pendant que les Maures sont pendus aux créneaux de la ville.

La milice algérienne, qui a une si grande influence sur les destinées de l'Etat, est divisée en régimens, ou pour mieux dire en bandes nommées *oldacks* et *ortes*, dans lesquelles il n'y a que des Turcs qui y soient admis. La force armée maure est appelée *zowak* ou *zouavi*; elle est commandée par des officiers turcs, et son organisation ressemble beaucoup à celle des *cypaies* du Bengale.

En ce qui concerne les forces navales, elles sont pour ainsi dire nulles; avant l'expédition de lord Exmouth, en 1816, elles ne consistaient qu'en une douzaine de vaisseaux; aujourd'hui l'escadre se compose de 14 bâtimens, dont le plus important est une frégate de 44 canons.

Le nombre des Turcs, qui sont le principal nerf de l'armée, excède rarement celui de 15,000 hommes. Dans de grandes occasions, un Dey peut mettre en campagne une armée de 120,000 hommes.

Parmi les officiers toujours auprès de la personne du Dey, sont douze messagers d'État, appelés *chiaux*, instrumens aveugles des volontés de Sa Hautesse, toujours prêts à porter une dépêche, ou à couper une tête. Ces satellites sont commandés par deux autres officiers nommés *baschiaux*, et placés, l'un à la droite du chef, l'autre à sa gauche, quand il rend la justice. Ces officiers ne reçoivent jamais d'ordres écrits. On choisit pour cet emploi les hommes les plus robustes. Leur habillement est vert, avec une bande cramoisie au milieu du corps, et un turban pointu : ils ne doivent porter aucune espèce d'armes; en sorte que quand un *chiaux* sort du palais, rien n'annonce ce qu'il est. C'est avec la plus inflexible sévérité qu'ils exécutent les ordres du Dey; leur présence seule inspire la plus grande horreur à la multitude, et jamais il n'arrive que leurs terribles commandemens éprouvent aucune résistance : tout individu, innocent ou coupable, serait-il même entouré de ses amis, présente sa tête lorsqu'elle lui est demandée par un *chiaux*. Lorsque le tyran a prononcé l'arrêt fatal de celui qui a violé les lois, ou bien encouru seulement la disgrâce de Sa Hautesse, l'exécuteur part aussitôt, cherche en tout lieu le coupable, et ne reparaît qu'en l'emmenant enchaîné, ou avec sa tête sanglante à la main.

Voici un aperçu des tributs, cadeaux ou présens donnés par les différens Etats de l'Europe au Dey d'Alger, Hussein-Pacha, régnant : les Deux-Siciles paient un tribut annuel de 24,000 piastres fortes, et 24,000 piastres de présens. — La Toscane, par un traité de 1823, ne doit aucun tribut; mais elle fournit un présent de 25,000 piastres. — La Sardaigne est libre également de tout tribut; mais lorsqu'elle change son consul, elle paie une somme considérable. — Le Portugal est imposé aux mêmes conditions que les Deux-Siciles. — L'Espagne n'est soumise à aucun tribut; mais elle doit des présens et cadeaux à chaque renouvellement de consul. — L'Autriche est affranchie de tout tribut, par la médiation de la Turquie. — L'Angleterre doit un présent de 600 liv. sterling à chaque changement de consul, malgré les conditions dictées en 1816, sous le canon de lord Exmouth. — La Hollande ne paie rien depuis 1816. — Les Etats-Unis, c'est le même arrangement que l'Angleterre. — Le Hanovre et Brême, nonobstant les mêmes conditions que les Anglais, leurs consuls doivent payer des sommes considérables en arrivant à Alger. — La Suède et le Danemarck paient annuellement un tribut consistant en munitions de mer et en matériaux de guerre, pour une valeur d'à peu près 4,000 piastres fortes; outre cela, ces Etats paient à la rénovation des traités, c'est-à-dire de dix en dix années, un présent de 10,000 piastres fortes; de plus, leurs consuls, en entrant en fonctions, font des cadeaux au Dey. — Quoique la France ne doive rien payer, suivant la lettre de son traité, l'usage s'est cependant conservé de faire des présens aux Etats barbaresques, à l'occasion de l'envoi de nouveaux consuls.

Avant de terminer cette description, disons un mot sur les souffrances inouïes que les chrétiens endurent chez les Algériens. Il est impossible de s'en faire une idée, à moins d'en avoir été témoin. Aussitôt arrivé à Alger, et reconnu comme esclave, on est dépouillé de ses habits et couvert de toile, n'ayant ni bas, ni souliers, et souvent obligé de travailler nu-tête aux ardeurs du soleil : les uns, semblables aux bêtes de somme, traînent de la pierre et des bois destinés pour les bâtimens publics; souvent ils sont enchaînés, et l'on peut dire avec raison, que de tous les captifs, ce sont les chrétiens qui souffrent le plus ; d'autres de ces infortunés sont employés à faire des cordes ou des voiles pour la marine ; des gardiens toujours armés de fouets agissent avec la plus grande cruauté. Il y a des esclaves qui sont achetés au marché par de riches maures ; ceux-là sont destinés aux travaux les plus vils, et que notre plume se refuse à décrire. Les captifs choisis pour nettoyer des puits ou vider des égouts, restent des semaines entières dans l'eau jusqu'à mi-corps. Pouvons-nous dire, sans frémir d'horreur, que l'on pousse la barbarie jusqu'à accoupler des chrétiens avec des animaux, afin de traîner des fardeaux extraordinairement lourds et pesans; si, par malheur, il leur échappe la moindre plainte, c'est alors qu'ils sont punis, avec la plus grande rigueur, de cent ou de deux cents coups de bâton sous la plante des pieds ou sur le dos. S'il arrive qu'un pauvre esclave, revenant des montagnes, le sang dégouttant de tous ses membres, succombe à la fatigue, ou qu'il tombe par la soif ou les coups qu'il reçoit, il est inhumainement abandonné sur le grand chemin, et tout un chacun se livre envers lui au mépris le plus révoltant. Allons, chien de chrétien, que fais-tu là? Voilà l'abominable expression dont ces barbares se servent. Nous pouvons dire avec assurance qu'il n'existe pas de condition plus douloureuse que celle des chrétiens tombés entre les mains des Barbaresques. Il est donc à désirer, pour le bonheur du genre humain, que toutes les puissances se réunissent pour détruire un aussi affreux système. Quand un captif tombe malade, toute espèce de secours lui est refusé; mais nous devons dire que, sans la charité de l'Espagne, qui a consacré des fonds pour l'établissement d'un petit hôpital, on verrait continuellement périr dans les rues une quantité d'esclaves affectés de maladie, privés de toute assistance; au moins, par cette bienveillante institution, ont-ils l'espoir de mourir en paix. Pendant long-temps la sépulture était refusée aux captifs, et leurs corps restaient exposés, en plein air, à la voracité des oiseaux de proie; mais le roi d'Espagne, Charles iv, obtint, non sans une grande difficulté, et moyennant un prix considérable, un petit espace près de la mer, pour servir de cimetière qui n'est distingué par aucun signe, et aucune clôture ne défend son territoire sacré de la profanation des Barbaresques. Ainsi vivent et meurent les chrétiens à Alger!

Les supplices les plus ordinaires à Alger sont le ganche, la strangulation et la décapitation. Les esclaves et les Juifs sont punis, sans aucune forme de procédure, au moindre grief qu'on leur attribue.

Quand on veut pendre un homme on l'accroche à une potence, et on lui laisse le soin de s'étrangler. Pour décapiter, on fait mettre le patient à genoux, et, sans lui bander les yeux, on lui enlève la tête d'un coup de cimmeterre. Pour mettre un criminel au ganche, il est placé sur un mur hérissé, dans toute sa longueur, de crochets de fer recourbés et qui sortent de deux pieds; ensuite, on le précipite sur ces crochets qui le retiennent par une partie du corps, et là on le laisse expirer dans les plus cruels tourmens.

Le châtiment le plus usité est la bastonnade. Pour l'appliquer, on fait coucher le coupable sur le dos, et avec une corde qui lui lie les deux jambes, on les relève droites, de manière que la plante des pieds se trouve horizontale; alors deux bourreaux armés de bâtons, et placés de chaque côté du condamné, frappent alternativement de toute leur force.

Les différens qui existent entre la France et la régence d'Alger durent déjà depuis trois ans. S. M. Charles X, avare du sang de ses sujets, après avoir tenté, mais en vain, tous les moyens de conciliation, a été forcé de recourir aux armes.

Les griefs qui ont déterminé le Roi de France à prendre des mesures de rigueur, sont en très-grand nombre; ne pouvant ici les énumérer tous, nous mentionnerons seulement les principaux: le refus qu'ils font de cesser leurs brigandage et piraterie qui portent sur les mers le plus grand dommage à notre commerce dans la Méditerranée; le projet qu'ils ont formé de nous expulser de nos établissemens d'Afrique; leurs courses continuelles, non seulement sur les navires français, mais encore sur ceux des Etats de l'Eglise; les intentions qu'ils manifestent constamment de ne point tenir aux traités qu'ils ont conclus, et se refusant à toute médiation; enfin l'insulte faite au consul général de France, lorsqu'il se présenta, suivant l'usage, aux fêtes musulmanes, pour complimenter le Dey, qui lui demanda insolemment s'il n'y avait pas de réponse à la lettre qu'il avait écrite; le consul lui ayant répondu négativement, le Dey, avec colère et mépris en même temps, donna plusieurs coups d'un chasse-mouche qu'il tenait à la main, en lui ordonnant impérativement de se retirer. Le gouvernement du Roi, instruit d'une telle offense, enjoignit au consul de quitter Alger; de là s'ensuivit la destruction des établissemens français en Afrique. Au mois de juillet 1829, avant de prendre de nouvelles mesures, l'on fit une dernière tentative;

afin de ne point rompre les négociations; mais elle fut infructueuse; et, au moment où M. de Labretonnière s'éloignait, ces barbares firent feu sur le bâtiment qu'il montait, et sur le parlementaire.

EXPÉDITION D'AFRIQUE.

Les forces qui font partie de l'expédition se composent d'environ 60 mille hommes; la flotte est divisée en trois escadres : escadre de bataille, escadre de débarquement; escadre de réserve.

Indépendamment des bâtimens de guerre, il y a un convoi de près de 400 voiles pour le transport des subsistances.

Un télégraphe de jour et de nuit, de l'invention d'un amiral français, est employé pour la correspondance du quartier-général avec les avant-postes et la flotte. Les fanaux qu'on emploie pour les signaux de nuit sont à courant d'air et à réflecteurs, ce qui permet de les apercevoir à cinq et six lieues en mer. Une compagnie de sapeurs fait également partie de l'expédition; la manœuvre de cette compagnie est surtout digne de remarque. Chaque homme a un faisceau de trois lances attachées par leur milieu et formant, en s'ouvrant pour être fixées en terre, un hérisson dont la pointe arrive à hauteur du poitrail d'un cheval. Par une manœuvre très-prompte et fort ingénieuse, deux lignes de ces hérissons sont développées sur tous les fronts de la compagnie, et présentent un obstacle redoutable pour la cavalerie. Les lances peuvent s'attacher aux sacs des soldats et être réunies en faisceaux de trois en quelques minutes.

PROCLAMATION DE M. LE GÉNÉRAL EN CHEF.

« Soldats !

» L'insulte faite au pavillon français vous appelle au-delà des mers; c'est pour le venger qu'au signal donné du haut du trône, vous avez tous brûlé de courir aux armes et que beaucoup d'entre vous ont quitté avec ardeur le foyer paternel.

» A plusieurs époques , les étendards français ont flotté sur la plage africaine. La chaleur du climat, la fatigue des marches, les privations du désert, rien n'a pu ébranler ceux qui vous y ont dévancés. Leur courage tranquille a suffi pour repousser les attaques tumultueuses d'une cavalerie brave, mais indisciplinée ; vous suivrez leurs glorieux exemples.

» Les nations civilisées des deux mondes ont les yeux fixés sur vous ; leurs vœux vous accompagnent. La cause de la France est celle de l'humanité ; montrez-vous dignes de votre noble mission ; qu'aucun excès ne ternisse l'éclat de vos exploits ; terribles dans le combat, soyez justes et humains après la victoire ; votre intérêt le commande autant que le devoir.

» Trop long-temps opprimé par une milice avide et cruelle, l'Arabe verra en nous des libérateurs. Il implorera notre alliance ; rassuré par votre bonne foi, il apportera dans nos camps les produits de son sol. C'est ainsi que, rendant la guerre moins longue et moins sanglante, vous remplirez les vœux d'un souverain aussi avare du sang de ses sujets que jaloux de l'honneur de la France.

« Soldats, un prince auguste vient de parcourir vos rangs ; il a voulu se convaincre par lui-même que rien n'avait été négligé pour assurer vos succès et pourvoir à vos besoins. Sa constante sollicitude vous suivra dans les contrées inhospitalières où vous allez combattre. Vous vous en rendrez dignes, en observant cette discipline sévère qui valut à l'armée qu'il conduisit à la victoire, l'estime de l'Espagne et celle de l'Europe entière.

» Le lieutenant-général, » Comte DE BOURMONT. »

Le premier mouvement de l'embarquement des trois divisions a commencé à s'effectuer le 11 mai jusqu'au 16, et le 25 à deux heures de l'après-midi, le signal du départ de l'expédition a été donné par levaisseau amiral. Les bâtimens du commerce, formant la première division de la flottille, au nombre d'environ quatre-vingts, ont commencé le mouvement, et sont sortis l'un après l'autre, avec ordre, précédant les bâtimens du Roi de la première et de la deuxième division, ainsi que de la division de réserve. Le temps était superbe, aussi une foule immense s'était portée sur la côte pour jouir du coup-d'œil ravissant que lui offrait, vers les six heures du soir, un nombre considérable de navires qui se présentaient à l'horizon comme une masse de nuages blanchâtres et offraient l'aspect d'une grande ville, dont les rues semblaient tracées au cordeau, tant était parfait l'alignement que conservait chaque bâtiment dans l'ordre de marche qu'il avait à suivre. A huit heures du soir, les trois divisions étaient à quatre lieues au large, et le 26, à quatre heures du matin, tout avait disparu.

NOUVELLES DE L'EXPÉDITION D'AFRIQUE.

Sidi-Ferruch, le 14 juin 1830, 10 heures du matin.

Le comte de Bourmont à S. Exc. le président du conseil des ministres.

Le débarquement a commencé aujourd'hui à quatre heures du matin. Toutes les troupes sont à terre : l'ennemi a été chassé de la position qu'il avait prise en arrière, et la division Berthezène lui a enlevé neuf canons et deux mortiers.

La rade à l'ouest de Sidi-Ferruch est bonne, et la flotte doit y rester mouillée.

Dépêche transmise de Toulon le 18 juin.

*L'Amiral Duperré à S. Exc. le ministre de la
marine.*

La flotte a occupé hier la baie de Sidi-Ferruch.

L'armée a été entièrement débarquée aujourd'hui,
et elle occupe les hauteurs en avant de la presqu'île.

Les batteries ennemies ont été enlevées. Le quartier général est à Turetta-Chica.

A S. Exc. le président du conseil des ministres.

Au camp de Sidi-Ferruch, le 19 juin 1830 ;

à deux heures après midi.

Prince,

L'armée ennemie occupait, depuis le 15, le camp
de Staoneli. Le 17 et le 18, elle avait montré en avant
de nos positions moins de monde que les jours précédens ; cependant des renforts considérables lui
étaient arrivés. Le 18 au soir les contingens de Constantine, d'Oran et de Titeri, et une grande partie de
la milice turque d'Alger se trouvaient réunis. La force
de ces différens corps s'élevait à 40,000 hommes
environ. Leur confiance était d'autant plus grande,
que depuis quatre jours l'armée française demeurait
immobile dans ses positions. J'attendais, pour donner l'ordre de marcher en avant, le débarquement
des moyens de transport, des subsistances et du matériel de siége. Cette inaction avait été interprétée
d'une autre manière, et l'aga d'Alger, qui marchait
à la tête de la milice, crut qu'une attaque lui offrirait
des chances de succès. Des batteries, construites la
veille, entre Staoneli et nos positions, m'avaient révélé son projet, et tout était disposé pour le bien

recevoir. Le 19, à la pointe du jour, l'armée ennemie s'avança sur une ligne beaucoup plus étendue que le front de nos positions ; mais ce fut contre les brigades Clouet et Achard que se dirigèrent ses plus grands efforts. Là, se trouvait la milice turque. Son attaque se fit avec beaucoup de résolution ; des janissaires pénétrèrent jusques dans les retranchemens qui couvraient le front de nos bataillons. Ils y trouvèrent la mort. La troisième brigade de la division Berthezène et les deux premières brigades de la division Loverdo furent attaquées par les contingens d'Oran et de Constantine. Après avoir laissé l'ennemi s'avancer jusqu'au fond du ravin qui couvrait la position, le général Loverdo le fit charger à la baïonnette ; beaucoup de fantassins arabes restèrent sur la place. Après avoir repoussé l'ennemi, la brigade Clouet reprit l'offensive. L'ardeur des troupes était telle, qu'il eût été difficile de les contenir. Les brigades Achard et Poret de Morvan s'avancèrent pour soutenir la brigade Clouet. Le moment décisif était venu ; j'ordonnai l'attaque des batteries et du camp de l'ennemi. Les deux premières brigades de la division Loverdo, conduites par les généraux Damrémont et dU'zer, marchèrent en avant. La troisième brigade, qui avait été détachée sur la gauche, suivit, sous les ordres du général d'Arcine, le mouvement de la brigade Clouet. Trois régimens de la division d'Escars s'avancèrent pour former la réserve.

Il serait difficile de peindre l'enthousiasme que firent éclater les troupes lorsque le signal d'attaquer le camp eut été donné. La marche se fit avec une rapidité extraordinaire. Malgré les difficultés du terrain, l'artillerie, toute de nouveau modèle, fut constamment en première ligne. Son extrême mobilité dut contribuer puissamment à l'épouvante de l'ennemi. Pour tous ceux qui ont pris part au combat de Staoneli, la question paraîtra décidée entre l'ancien et le nouveau système. Le feu des batteries qu'avait construites l'ennemi en avant de son camp, n'arrêta pas un moment nos troupes. Les huit pièces de bronze qui les armaient furent enlevées par le 20ᵉ régiment de ligne; les Turcs et les Arabes avaient pris la fuite de toutes parts; leur camp tomba en notre pouvoir; 400 tentes y étaient dressées; celles de l'aga d'Alger, des beys de Constantine et de Titeri, sont d'une grande magnificence. On a trouvé une quantité considérable de poudre et de projectiles, des magasins de subsistances, plusieurs troupeaux de moutons et 100 chameaux environ, qui vont augmenter nos moyens de transport. Nos soldats coucheront sous les tentes de l'ennemi.

La conduite des troupes de toutes armes a répondu à la confiance du Roi. La plupart des officiers d'état-major n'étaient pas encore montés; ils ont fait leur service à pied avec une ardeur infatigable. Le lieutenant-général Berthezène a conduit sa division avec le talent et le sang-froid qu'on attendait de sa vieille expérience.

Lorsque j'aurai reçu les rapports des lieutenans-généraux, je ferai connaître à V. Exc. les officiers et les soldats qui se sont le plus distingués.

Le nombre des blessés s'élève à 300 environ. Les blessures sont généralement peu dangereuses, et la moitié de ceux qui les ont reçues ne tardera pas à revenir sous les drapeaux.

Le débarquement continue avec une grande activité; on a mis à terre aujourd'hui beaucoup de chevaux; le nombre de ceux que l'on doit débarquer demain sera plus considérable encore. Le temps est superbe; l'été qui avait été tardif paraît avoir enfin commencé. Cependant la chaleur n'est pas plus vive que celle qu'on éprouve à Paris au solstice d'été. Pendant toute la journée une brise constante a rafraîchi l'air. Dans trois ou quatre jours l'armée pourra s'approcher d'Alger. Il paraît certain que l'ennemi n'a préparé aucun moyen de défense entre cette ville et le camp.

Les Arabes se découragent ; plusieurs se sont déjà présentés à nos avant-postes ; ils s'accordent à dire que la crainte que leur inspire le dey les a fait marcher contre l'armée française. La journée de Staoneli peut donner lieu à de nombreuses défections.

Comte DE BOURMONT.

Le préfet maritime de Toulon à S. Exc. le ministre de la marine.

Toulon, le 27 juin.

Six mille Arabes se sont présentés le 20 à nos avant-postes, pour faire leur soumission à l'armée française ; on les a engagés à se retirer chez eux, et ils ont promis de le faire.

Dans la nuit suivante, un autre corps d'Arabes s'est également présenté. Nos troupes se disposaient à le repousser ; mais les Arabes, après avoir déchargé leurs armes en l'air, firent leur soumission, et on leur fit la même réponse.

Ce rapport m'est fait par le capitaine Bonamour, du transport du *Mithridate*, parti de Sidi-Ferruch le 21, et qui est arrivé ici hier.

On écrit de Toulon, 24 juin 1830.

« D'autres bâtimens sont encore arrivés ce matin. De ce nombre sont la corvette *la Victorieuse*, partie le 19 de Sidi-Ferruch, et la gabarre *la Truite*.

» M. de Bourmont a fait signifier au dey, par un transfuge, que, s'il arrivait le moindre mal aux Français de l'équipage des bricks *le Sylène* et *l'Aventure*, en s'emparant d'Alger, il mettrait tout à feu et à sang. »

Déposé à la Direction de l'Imprimerie et de la Librairie.

LE NORMANT FILS, IMPRIMEUR DU ROI, RUE DE SEINE, N° 8.